Une Femme

Aux Femmes

POURQUOI LES FEMMES DOIVENT ÉTUDIER
LA QUESTION DES MŒURS

PAR

Mme Paul DE SCHLUMBERGER

QUATRIÈME ÉDITION

PARIS
LIBRAIRIE FISCHBACHER
33, RUE DE SEINE, 33

GENÈVE
Secrétariat général de la Fédération abolitionniste internationale.

Une Femme

Aux Femmes

POURQUOI LES FEMMES DOIVENT ÉTUDIER LA QUESTION DES MŒURS

PAR

Mme Paul DE SCHLUMBERGER

QUATRIÈME ÉDITION

PARIS
LIBRAIRIE FISCHBACHER
33, RUE DE SEINE, 33

GENÈVE
Secrétariat général de la Fédération abolitionniste internationale

Notre plus cruel ennemi est l'indifférence, l'indifférence coupable, à la souffrance.

C'est pourquoi nous ne devons pas nous lasser de parler, « en temps et hors de temps ; » nous ne devons pas nous lasser de semer à tous les vents : quelques graines finiront par germer sur un sol généreux, quelques paroles descendront dans un cœur.

Je me fais un devoir d'envoyer cette brochure même à des femmes qui, peut-être, ne l'approuveront pas, et je les supplie de se faire un devoir de la lire, parce qu'un cœur de femme a voulu frapper à leur cœur.

Marguerite de SCHLUMBERGER,
née de WITT.

INTRODUCTION

Depuis plusieurs années je crois à l'utilité d'une brochure s'adressant tout spécialement aux femmes, et leur résumant cette question si douloureuse et si importante pour notre sexe, celle de la réglementation de la prostitution et de la police des mœurs, question à peine connue de la plupart d'entre elles, surtout en France.

Cette brochure, je l'ai cherchée afin de la répandre, et je ne l'ai point trouvée.

Je me décide à l'écrire, après bien des hésitations, et à faire une sorte de manuel de propagande, un résumé facile à lire. Je ne me fais pas l'illusion de croire que je serai approuvée de tous. Beaucoup de gens pensent que les femmes doivent à peine étudier ces questions pénibles, et encore moins en écrire. Ils craignent pour la pureté de celles qui y touchent: Grâce à Dieu, la pureté des femmes de cœur n'est pas d'essence si fragile, et est placée bien loin au-dessus de la boue qu'elles ont le devoir d'approcher. Panse-t-on une plaie sans oser la découvrir? On frémit, mais on ne recule pas s'il faut la toucher. Je me mets donc au-dessus des approbations ou désapprobations superficielles, car à quoi servirait la conscience, si on ne lui obéissait pas? La mienne parle et m'oblige. Elle me dit qu'ayant étudié la question depuis nombre d'années, ayant participé à la direction de diverses œuvres de relèvement moral, ayant, Dieu merci, des cheveux gris, je suis peut-être plus à même qu'une autre d'aider les autres femmes à comprendre un état de choses dont je m'étonne toujours davantage qu'elles soient en général si peu instruites. Il est *de leur devoir* de les connaître... les connaître afin d'y remédier.

Je dédie cette brochure à toutes les femmes de France, mon pays, à vous toutes mes sœurs ; aux femmes du peuple et aux femmes du monde, aux femmes instruites et aux ignorantes, à toutes celles qui, par leurs proches ou ceux qu'elles aiment, sont susceptibles de souffrir de la prostitution ou de ses suites. Et quelle est la femme qui peut être assurée qu'aucun danger ne menacera jamais les siens?

La prostitution est un fléau contre lequel toutes les femmes honnêtes devraient se liguer, non pas sottement et en fermant les yeux, mais les yeux et le cœur grands ouverts et en n'admettant pas que, pour un mal dont les hommes sont coupables au moins autant que les femmes, une catégorie de femmes soient seules punies, portent le fardeau et la honte et soient mises hors la loi, pendant que leurs complices vont gaiement de par le monde et jouissent de l'estime de tous.

Je citerai souvent dans ces pages le remarquable rapport de la Commission extraparlementaire, du régime des mœurs. Voici un premier témoignage :

« Illégale, inefficace, et même nuisible, arbitraire, injuste et immorale : c'est dans ces termes que se résument les griefs articulés contre la réglementation administrative par les divers orateurs, abolitionnistes ou non abolitionnistes, qui prennent part au débat[1]. »

Un tel jugement devrait nous tranquilliser, et s'il avait été sanctionné par un vote du parlement, point ne serait besoin pour les femmes de se mettre en campagne; mais nous sommes loin encore d'un aussi heureux résultat; les réglementistes veillent et, parmi eux des hommes de haute valeur, mais que ne préoccupent pas suffisamment le point de vue de justice et le sentiment de morale élevée qui sont les citadelles dans lesquelles les femmes doivent se renfermer, et qui fera leur force. Reconnaître l'importance très grande du côté sanitaire et des efforts à faire pour diminuer les maladies vénériennes et la prostitution en général, *mais ne jamais admettre que la raison utilitaire, d'ailleurs si controversée, prenne le pas sur la question*

1. Rapport de la Commission extraparlementaire, page 61.

morale et les droits imprescriptibles de la personne humaine.

N'oublions pas que lutter contre le mal par des moyens que la conscience réprouve, c'est aller à l'encontre du but qu'on se propose. Plus la conscience des individus est affaiblie, plus le mal grandit. Avant tout n'abaissez pas la conscience et la dignité humaines. On ne vaincra jamais la prostitution par les moyens que peut mettre en œuvre la réglementation[1].

Ce que nous demandons, c'est qu'on discute et qu'on juge ces pénibles questions en pleine lumière, toujours plus de lumière! Le vice et le crime recherchent l'obscurité de la nuit, parce que la lumière du jour les tue. Il y a des choses qui ne *peuvent pas* se faire au grand jour, il y a des choses dont on n'ose parler qu'à voix basse et qui ne prospèrent que dans l'ombre. Nous les tuerons par le seul fait de les exposer au soleil purificateur.

La lumière partout!

1. Cette brochure, destinée à être répandue parmi les femmes, se trouvera au siège de la Fédération abolitionniste internationale, 3, rue du Vieux-Collège, à Genève, et au siège de la Fédération, à Paris, 1, avenue Malakoff. Mon adresse personnelle est, 14, rue Pierre-Charron, à Paris, où pourraient m'écrire les personnes désireuses de connaître les titres d'ouvrages traitant la question d'une manière plus approfondie, ou de recevoir cette brochure, à titre gratuit, si elles m'en font la demande.

I

Femmes, mes sœurs, savez-vous ce que c'est que la police des mœurs? Savez-vous ce que c'est que la prostitution réglementée? Savez-vous que derrière chacune de vous, dans l'ombre, rôde un ennemi prêt à s'attaquer à ce qu'elle a de plus cher, ennemi d'autant plus dangereux qu'elle le connaît moins? Très peu de femmes savent ce qu'est la plaie dont je veux parler; on ne la connaît que par quelques vagues allusions faites à voix basse, comme à une chose dont on ne doit pas parler.

Or, je trouve justement que l'on *doit* en parler. Je trouve que les femmes ont le *devoir absolu* de s'en instruire, puisqu'il s'agit de questions qui sont vitales pour toute une catégorie de femmes vouées à l'infamie.

Depuis vingt-cinq ans que je me suis trouvée amenée à étudier cette grave question, je suis arrivée à la conviction que non seulement toutes les femmes honnêtes et heureuses ont le devoir de la connaître et de l'étudier, mais qu'elle est tout particulièrement de leur compétence, et que la solution complète n'en sera trouvée que le jour où la conscience des femmes s'étant réveillée, elles auront pris parti et auront imposé leur conviction de justice et de moralité à tous ceux dont les yeux sont encore obscurcis par la longue accoutumance à une institution immorale et réputée à tort nécessaire.

Elles n'ont pas besoin pour cela d'agir seules comme l'a fait en 1869 Mrs Butler en Angleterre. C'est elle qui la première se préoccupa du sort des malheureuses prostituées, qu'elle réussit, avec l'aide de ses amis et de ses partisans peu à peu groupés autour d'elle, à affranchir des geôles d'infamie.

Le rôle actuel des femmes est beaucoup plus simple. Il consiste, pour chacune, à étudier la question à la lumière de sa conscience, à se faire une opinion élevée et juste qu'elle cherchera à répandre autour d'elle, et à soutenir ceux qui ont dès longtemps commencé la lutte. Ceux-ci se sont groupés sous le nom de Fédération abolitionniste internationale, et leur influence moralisatrice, comme une sève bienfaisante, se répand peu à peu dans le monde entier, malgré les efforts contraires du vice et de la pornographie.

La Fédération abolitionniste a son siège social à Genève, 3, rue du Vieux-Collège. Cette société, qui compte des membres masculins et féminins dans tous les pays, est absolument sans distinction de culte, et elle est basée sur un sentiment de justice et de pitié plus encore que de morale, quoiqu'elle suppose nécessairement à ses membres une morale élevée. Toutes les femmes devraient s'y affilier et nous les supplions de le faire en nombre imposant, ne fût-ce que pour témoigner leur sympathie. On peut s'inscrire à Genève, mais aussi dans les principales capitales. A Paris, le siège de la branche française de la Fédération est 1, avenue Malakoff. S'y adresser pour demander les statuts.

Mrs Butler, qui a fondé la Fédération en 1874, était une Anglaise de haute distinction physique et morale, et d'une forte culture intellectuelle. Elle avait été brisée par un affreux chagrin. Sa fille de six ans, en courant à sa rencontre, était tombée du deuxième étage sur les dalles de l'antichambre, et avait été relevée morte. Mère inconsolable, Mrs Butler, dans sa douleur, avait cherché à soulager d'autres souffrances, et c'est en venant au secours de pauvres femmes tombées, qu'elle comprit le sort affreux qui leur était fait par ceux qui les condamnent, pour ainsi dire, à s'enfoncer davantage dans le bourbier où on les enferme. Son âme ardente et indignée souffrit intensément de l'injustice de cette mise hors la loi, et s'armant d'un courage invincible, elle poursuivit pendant de longues années, à la tête d'une pléiade d'hommes et de femmes de cœur, la croisade qui aboutit à faire supprimer par le Parlement la police des mœurs, implantée de France en Angleterre. Elle est morte récemment, laissant derrière elle un souvenir de noblesse d'âme, d'intelligence, de courage et de ténacité dans l'effort, bien rares à rencontrer dans ce monde, et si je vous ai parlé d'elle, chères amies, c'est pour vous montrer ce que peuvent les femmes de cœur, armées d'amour et de persévérance.

II

Réglementation de la prostitution.

La réglementation de la prostitution est, à Paris, du ressort de la préfecture de police, et, dans les départements, des maires des villes et des communes. Elle est donc très différente, d'une localité à l'autre, et ne dépend trop souvent que de l'opinion et du bon plaisir des hommes qui en sont momentanément chargés. Les prostituées sont, en somme, à la merci de la police, sans qu'aucune loi d'Etat vienne les condamner ou les défendre.

La réglementation consiste en premier lieu dans *l'inscription*. Toute femme vivant, ou soupçonnée de vivre de la prostitution, est inscrite par la police sur une liste de prostitution publique, inscription dont il est difficile d'obtenir la radiation et qui suit ces malheureuses pendant toute leur existence. Elle est dès lors nommée *femme soumise*. L'inscription entraîne l'obligation de la visite sanitaire régulière dans un dispensaire désigné par la police. Ces visites humiliantes sont une source intarissable de démêlés avec la police ; car si les femmes sont jugées malades, on les envoie d'office à l'hôpital de Saint-Lazare, qui est, de fait, une prison. Si elles sont jugées saines, on leur donne une carte les autorisant à pratiquer leur infâme métier, et cette carte leur fausse tellement le sens moral, qu'elles en arrivent vite à croire qu'elles exercent une profession comme une autre.

Il existe, d'après la police, trois sortes de prostituées : les *soumises*, les *insoumises*, qu'on pourchasse continuellement parce qu'elles refusent de se rendre à la visite, et les *filles des maisons de tolérance*, dont nous parlerons plus loin et qui sont aussi inscrites sur les tristes listes de prostitution publique. Toutes ces malheureuses sont en lutte continuelle avec les agents de la police des mœurs ; elles cherchent toujours à la fuir, à échapper aux arrestations et punitions arbitraires édictées par eux, et sans recours le plus souvent. Lorsqu'elles sont malades, elles évitent de toutes les manières de se rendre à la visite, qui est le préambule de la prison, et lorsqu'elles sont coupables de l'avoir évitée, on les arrête et on les emprisonne.

« Lorsque, dit lui-même M. Lépine, préfet de police, les prostituées manquent aux obligations qui leur incombent, la première punition est de quatre jours (de prison au lieu de l'amende), la deuxième fois nous doublons la peine, nous pouvons aller jusqu'à quinze jours. Nous allons, plus loin, jusqu'à un mois.... La peine peut dépasser un mois, mais c'est parce qu'on a affaire à une fille malade ou en retard sur ses visites[1]. »

Nous ne prétendons certes pas que la plupart de ces malheureuses soient intéressantes en elles-mêmes, et que la paresse n'en ait pas amené beaucoup à leur triste métier. Nous ne voulons pas dire non plus qu'il ne soit pas nécessaire de lutter contre la prostitution par tous les moyens honnêtes ; ce que nous affirmons, c'est que les moyens employés sont mauvais et qu'il est injuste qu'une classe de femmes soit seule l'objet de pénalités auxquelles d'autres échappent.

Ecoutez M. le procureur général Bulot[2] : « Nous venons d'indiquer qu'il y avait à Paris deux catégories de femmes qui tirent profit de l'amour. Il y a celles qu'on arrête, il y a celles qu'on n'arrête pas. Parmi celles qu'on arrête, les unes sont déjà inscrites comme prostituées sur les registres de la préfecture, ce sont les *filles soumises ;* les autres ne le sont pas encore, ce sont les *insoumises*.

« Les femmes qu'on n'arrête jamais, qu'on n'inquiète jamais, qu'on ne surveille jamais, ce sont les courtisanes riches, celles qui racolent au Bois de Boulogne, en landau à deux chevaux, celles qui ont un hôtel au parc Monceau, qui fréquentent les grands théâtres, les

1. Dolléans, *La police des mœurs*, page 32.
2. Rapport de la Commission extraparlementaire.

grands concerts. C'est l'aristocratie du demi-monde. »

Il y a donc des privilégiées de la prostitution *même* parmi les femmes, et écoutez encore :

« Toute réglementation limitée à la femme encourt, comme le disent MM. Landouzy et Gaucher, le reproche d'être profondément immorale, parce qu'établie sans droit au profit exclusif de l'homme[1]. »

Parmi les mesures propres à diminuer la diffusion des maladies vénériennes, les membres de la Commission extraparlementaire ont examiné longuement la question des soins à donner gratuitement et librement aux malades, dans tous les hôpitaux, mesure qui a admirablement réussi en Italie, où elle a été appliquée.

L'un des côtés les plus tristes de cette triste situation, c'est le nombre considérable de mineures qui, contre tout droit légal, sont inscrites sur les listes de prostitution[2], ce qui les marque d'un sceau d'infamie pour le reste de leurs jours. Beaucoup de mineures pratiquent la prostitution, le plus souvent à l'instigation de l'immonde souteneur, fléau terrible aussi dans son genre, et qui force la fille à *travailler* (profanant ainsi ce nom sacré de *travail*) pour lui apporter le prix de sa honte.

1. Rapport de la Commission extraparlementaire.

2. D'après l'Annexe du rapport de la Commission extraparlementaire sur les règlements de prostitution de 400 communes de France, 337 ne font aucune différence entre majeures et mineures, et 14 spécifient qu'on les inscrira quel que soit leur âge.

Si la question de liberté de la prostitution peut être admise pour les majeures, lorsqu'il s'agit de mineures, l'effort de relèvement dans des maisons d'éducation s'impose, et la loi que M. Bérenger a fait passer dernièrement à la Chambre et qui est comprise dans les travaux de la Commission extraparlementaire, peut être regardée comme un grand bienfait.

Nous terminerons par quelques citations autorisées et concluantes à propos de la réglementation :

« Cette justice sommaire, exceptionnelle, unique dans notre régime légal, ne repose sur aucun texte de la loi. » (Vivien, dans Dolléans, *Régime des mœurs.*)

« Les infractions aux règlements à Paris sont punies de la peine de prison, et la condamnation est prononcée par le préfet de police sur le vu des procès-verbaux dressés par les inspecteurs chargés de cette partie du service. C'est en cela que consiste surtout la restriction à la liberté individuelle que nous avons définie : le droit de n'être détenu qu'en vertu d'un ordre émané de la justice. *Ces pouvoirs sont tirés de textes qui ne les renferment pas.* » (Batbie, *Traité de droit public et administratif.*)

« Arrestations et détentions arbitraires, jugements et condamnations prononcés sans droit, telles sont en résumé les illégalités que l'on peut reprocher à la police des mœurs. » (Dolléans, *Régime des mœurs.*)

M. Jules Lejeune, ministre d'Etat, dans son rapport au Sénat belge, dit : « Du côté de la morale et de la science du droit, pas de divergence possible dans les opinions : la réglementation dans ce domaine est une monstruosité qui ne se discute pas. » Il ajoute : « Il n'est pas permis d'invoquer à l'appui d'une fausse raison de salut public l'efficacité souveraine de la réglementation, selon le type séculaire. Il est scientifiquement établi, comme chose définitivement jugée, que la réglementation selon le type traditionnel ne constitue pas un procédé de prophylaxie. (Dolléans, *Régime des mœurs.*)

III

Maisons de tolérance.

Ayant traité et cherché à vous faire comprendre, chères amies, ce qu'est l'abominable système de la réglementation, il me reste à vous parler de ses deux plus ignobles corollaires, la « maison de tolérance » et la « traite des blanches.»

Vous tournez la tête avec dégoût, mes sœurs? Encore un peu de patience, encore un peu de courage! Croyez-vous qu'il ne soit pas plus pénible d'écrire ces choses que de les lire? Comment remédierons-nous au mal, si nous ne le connaissons pas? N'oubliez pas que ce mal contre lequel nous luttons, ce n'est pas seulement un mal moral, mais que c'est une souffrance, une souffrance et une injustice.

Il est nécessaire que vous sachiez que, dans *toutes* les grandes villes de France et dans un nombre infini de petites, il existe des maisons dites « de tolérance » ou « maisons closes ,» habitées par des prostituées, à la tête desquelles se trouve une matrone ou tenancière qui a reçu de la police l'*autorisation* d'exploiter la prostitution.

Tous les hommes peuvent se rendre dans ces lieux infâmes pour satisfaire leurs passions bestiales (je dis bestiales, car qu'est-ce que ces passions ont de commun avec l'amour?) et les femmes qui sont là sont tenues de les accepter, vieux ou jeunes, propres ou sales, ivrognes dégoûtants ou hommes vicieux et de se donner à eux pour une somme d'argent plus ou moins forte, selon la maison et sa clientèle habituelle[1].

Si elles sont un peu jolies et recherchées, si c'est jour de fête, jour de foire ou de paie, ces malheureuses sont obligées de subir les attouchements d'un grand nombre d'hommes, dans une nuit ou une soirée.

1. On voudrait douter de cette obligation effroyable; malheureusement M. le Préfet de police a fait, devant une commission du Conseil municipal de Paris, la déclaration formelle que voici : « Dans le lupanar la femme ne peut refuser l'homme qui se présente. » (Annexe au rapport général de la Commission extraparlementaire, page 132.)

Oh! femmes, mes sœurs, pensez que ces créatures sont aussi des femmes, faites de la même chair que nous et qu'à leur naissance on n'aurait pas pu distinguer entre le petit enfant qu'elles étaient et le petit enfant que vous étiez! Et maintenant, elles sont traitées avec moins d'égards que des bêtes. Mes sœurs, votre cœur ne saigne-t-il pas?

Mais je veux être brève et vous mettre simplement au courant des faits tels qu'ils existent.

Les femmes enfermées dans ces maisons sont légalement libres d'en sortir, mais de fait, elles ne le peuvent pas, parce que dès leur entrée dans la maison qu'on leur a représentée comme un lieu de délices et qu'elles trouvent bien vite un enfer, la tenancière ou le tenancier s'arrangent à leur faire faire des dettes qu'elles ne peuvent acquitter[1]. On leur fournit des toilettes tapageuses, du linge fin, des bijoux à des prix insensés. Elles payent cher leur nourriture et sont tenues de consommer des liqueurs fortes. D'après un tableau que j'ai eu sous les yeux, c'était: avec le potage, un verre de cognac, prix tant; avec le rôti, un verre de rhum, prix tant; avec la salade, un verre de kirsch, etc., etc.

Si les malheureuses habitantes de ces lieux maudits reconnaissent qu'elles ne pourraient pas faire leur métier sans être continuellement

1. Une loi assez récente annule la valeur de dettes de ce genre, mais les malheureuses ignorantes que sont souvent les prostituées ignorent généralement cette loi, et on en profite pour les terroriser.

dans l'ivresse qui les abrutit peu à peu, d'autre part, les tenanciers de ces mêmes maisons disent qu'ils ne pourraient pas faire de bénéfices si on leur défendait d'y vendre des alcools. Théoriquement la vente en est interdite, mais de fait, elle est habituelle. Donc l'alcoolisme complète et assure l'institution infâme des maisons de tolérance et de la police des mœurs.

Mais, diriez-vous, si ces femmes sont venues là de leur plein gré, pourquoi voulez-vous les en empêcher?

Un petit nombre d'entre elles sont venues de leur plein gré, mais quand elles y sont entrées, elles se doutaient peu de toutes les misères qui les attendaient. Le fait d'être parquées dans cette maison leur a peu à peu fait descendre tous les degrés de l'immoralité, jusqu'à l'état purement bestial. La plupart des prostituées meurent jeunes et généralement dans un état de décrépitude et de misère physique épouvantables, résultat de la syphilis qu'elles ont contractée à une époque quelconque de leur triste carrière.

Assurément nous ne pouvons empêcher celles qui s'y plaisent de continuer leur déplorable vie, mais cette vie, elles y sont généralement tombées parce que d'autres femmes ne leur ont pas tendu à temps une main secourable et ne les ont pas aidées à gagner honnêtement leur vie. Nous avons donc le devoir de nous occuper d'elles. — Le côté lamentable de la question est qu'il y a peu d'espoir de relever des créatures habituées depuis plusieurs années à cet avilissement toujours plus complet; leur âme est comme morte en elles, mais il y a beaucoup à faire pour les mineures, et nous y reviendrons dans le chapitre consacré aux projets de loi de la Commission extraparlementaire.

Les maisons de tolérance ont une grande tendance à diminuer, et elles disparaîtront peut-être totalement par la force des choses, mais avec elles ne disparaîtrait pas l'odieux système de réglementation, et c'est pourquoi nous sommes forcées de lutter encore contre elles, de crainte qu'elles ne réapparaissent sous une autre forme.

Les maisons de rendez-vous, qui sont en faveur actuellement et qui ne sont pas plus morales, sont, du moins, moins abjectes au point de vue féminin et d'un servage moins complètement bestial. Cela ne veut pas dire que nous n'ayons pas à nous en préoccuper en tant que femmes et au point de vue moral qui nous intéresse si profondément, mais il ne s'agit plus aussi directement de la question de justice féminine pour laquelle nous combattons en ce moment.

Traite des Blanches.

Un grand nombre de femmes enfermées dans les maisons de prostitution y sont arrivées par suite de l'horrible commerce appelé « traite des blanches, » qui commence à être connu et combattu dans le monde entier, mais qui était dénoncé depuis bien des années par la Fédération abolitionniste, sans qu'elle eût réussi à ouvrir les yeux au grand public ou aux autorités compétentes.

Il existe dans tous les pays des hommes de mœurs louches et qui réussissent à embaucher des jeunes filles, auxquelles ils promettent des places et qu'ils finissent par *vendre*, sans qu'elles s'en doutent, aux tenanciers des maisons de prostitution.

La chose semble incroyable, mais elle n'est que trop réelle, et nombreux sont maintenant les trafiquants que l'on a réussi à arrêter malgré leur habileté consommée.

Le trafiquant, soit par des affiches de journaux, soit en créant des bureaux de placement, soit par l'intermédiaire d'agents aussi dangereux que lui, offre aux jeunes filles des places de bonnes, de cuisinières, de femmes de chambre ou d'institutrices, places très rémunérées et en général en pays étrangers. Ils donnent rendez-vous à plusieurs jeunes filles dans une ville et les emmènent. Si elles s'étonnent de se trouver à plusieurs, il est facile au trafiquant d'inventer des explications. Les malheureuses inconscientes, leurrées par de belles promesses, sont conduites, les unes dans une ville, les autres dans une autre ou embarquées sur des navires; et lorsqu'elles sont enfermées dans une maison de prostitution dont elles ne soupçonnaient pas l'existence, il leur faut, pour ne pas succomber, une énergie presque surhumaine, car on emploie les narcotiques pour les endormir, et la force pour triompher de leurs répugnances (On se croirait vraiment au temps des barbares).

Les malheureuses ne se doutent pas qu'elles ont été vendues et que le tenancier de la maison a payé à son ignoble fournisseur une somme de 300, de 500 ou même de 1.000 francs, selon leur beauté et leur âge et selon le profit qu'il croit pouvoir tirer d'elles. Il ne les lâchera plus, les regardant comme sa chose qu'il a payée.

A moins d'avoir pu dès le premier jour faire appel au commissaire de police, qu'on se garde bien de laisser à sa portée, car on l'enferme à double tour, ou d'avoir manifesté une énergie et une intelligence rares, la jeune fille est perdue. C'est là la *traite des blanches.*

Les traitants de chair humaine travaillent parfois pour des particuliers, mais le placement habituel de leur triste marchandise a bien certainement lieu dans les maisons de tolérance. Je ne parle pas des larmes des parents dont la fille a disparu sans laisser de traces. Il nous est souvent arrivé de les aider à les rechercher à l'étranger, parfois avec succès, souvent en vain.

Généralement, au bout de quelque temps, surtout si le tenancier craint que la traite des blanches à laquelle il s'est livré, ne soit découverte, ou si la jeune fille n'est pas d'un caractère soumis, il la revend, toujours à son insu, à un tenancier d'une autre ville ou d'un autre pays. La malheureuse, résistante au commencement, peu à peu abrutie et démoralisée, se regardant comme absolument perdue, renonce à tout relèvement et se laisse aller comme une épave sur la mer. Voilà une prostituée de plus dans le monde.

Ce qui est épouvantable dans ce trafic, c'est que les victimes en étaient généralement, à l'origine, des jeunes filles sans aucune disposition vicieuse, sans aucune intention mauvaise. Leur unique faute, et celle souvent de leurs parents, a été de se fier trop aveuglément à un soi-disant placeur, qui leur promettait des places de paresseuses avec des gages énormes. Elles auraient dû se méfier, mais est-ce que la jeunesse se méfie? Les parents sont beaucoup plus coupables!

Nous avons dit que le trafiquant se procure des jeunes filles par tous les moyens, pratiquant tous les métiers, usant de toutes les ruses les plus infernales pour arriver à ses fins et dépister la police. Il a à son service tout un code télégraphique pour correspondre avec d'autres trafiquants, et ce n'est que peu à peu et à grand' peine qu'on est arrivé à comprendre son langage particulier : « trois sacs de pommes de terre, » « une balle de soie, » « une pièce de toile fine, » signifient que le marchand de chair humaine amène ou expédie, sous bonne escorte, « une belle jeune fille, » « une femme brune, » « trois femmes de qualité plus ordinaire. »

Il existe à Paris et dans la plupart des capitales de véritables *marchés* de chair humaine, des estaminets louches où se donnent rendez-vous des trafiquants parfois fort élégamment habillés, qui font des offres et des demandes, débattent les prix des jeunes filles qu'ils ont sous la main, et ne craignent pas de tenir des livres de comptes écrits en langage convenu que la police a parfois pu saisir.

Les trafiquants ont à leur service des gens habiles à falsifier les papiers, car, ayant souvent affaire à des mineures qui leur sont plus spécialement interdites et dont le placement est difficile en tant que mineures, le grattage des noms, l'échange de papiers d'une fille à une autre, les papiers qui servent successivement à plusieurs personnes, tous ces moyens font partie des usages journaliers des trafiquants.

Leur première précaution, lorsqu'ils se sont emparés d'une jeune fille, est de l'expédier dans un autre pays, pour la mettre à l'abri des poursuites de la police, ce qui leur est facile sans éveiller les appréhensions. Au moment où la jeune fille arrive de province, le trafiquant qui l'attend à la gare lui dit que malheureusement la place qu'il lui avait promise a fait défaut, mais qu'il en a une beaucoup meilleure à l'étranger, qu'elle gagnera beaucoup plus et reviendra riche au bout de quelques années. On n'a plus le temps de consulter les parents, le bateau va partir... juste le temps de s'embarquer... et le tour est joué.

L'œuvre internationale des Amies de la jeune fille, les agentes de l'Œuvre des gares (dont nous parlerons plus loin) sont souvent prévenues que tel jour, à telle heure, à telle gare ou au départ de tel bateau, se présentera un homme accompagné de plusieurs femmes, un traitant. Lorsqu'on est averti à temps, on prévient la police, et il arrive souvent qu'elle peut empêcher le départ, rapatrier les jeunes filles, leur ouvrir les yeux sur le sort qui les attendait et mettre sous les verrous le misérable, lorsqu'on peut constater l'absence ou la falsification des papiers de ses compagnes de voyage. Mais combien de fois n'arrive-t-il pas encore que les preuves extérieures font défaut, que l'on n'a pas de prétexte pour interroger les jeunes filles et que l'habileté consommée du trafiquant triomphe de la bonne volonté des Amies de la jeune fille et des précautions de la police?

La première intervention réellement efficace est due à un Anglais, Alexandre Coote, membre de la Fédération abolitionniste internationale, et, à l'origine, ouvrier typographe, dont le cœur s'est ému pour les malheureuses victimes de la traite des blanches. Il a mis au service de ses convictions une telle ténacité, que malgré des ressources limitées et l'ignorance de toute autre langue que la sienne, il a parcouru l'Europe entière, s'est créé des amis partout et a fait des conférences (toujours en anglais, qu'il faisait traduire) dans toutes les grandes villes du continent. Il est arrivé à pénétrer dans les Cours de plusieurs pays et a réussi à éclairer l'opinion du monde entier, tellement qu'a eu lieu à Londres, en 1899, le premier Congrès international au sujet de la traite des blanches. C'est grâce ensuite aux efforts infatigables de M. Béranger et d'autres hommes éminents, groupés autour de lui, qu'on a réussi à réunir à Paris, en 1902, les délégués officiels de seize nations, afin de s'entendre pour créer une législation internationale permettant de poursuivre les trafiquants de chair humaine d'un pays à l'autre et pour demander à leur égard une répression efficace.

L'entente internationale était indispensable, un délit commencé dans un pays et consommé dans un autre pouvant très rarement être poursuivi, et les trafiquants étant fort habiles à profiter de la diversité ou de l'insuffisance des législations.

L'importance de cette Commission internationale a été grande, et quoique l'unification de législation, demandée à l'égard de la *traite des blanches*, ne soit pas encore complète, cependant l'entente internationale a jeté beaucoup de lumière sur les opérations de ces malfaiteurs et a permis de les poursuivre avec moins de difficulté.

Si trop souvent la *traite* échappe à toute répression, on peut pourtant souvent la prévenir, et prévenir vaut mieux que sévir. Une institution précieuse à cet égard et dont nous voulons parler en terminant est celle de l'*Œuvre des gares*. Elle fonctionne aujourd'hui dans toutes les capitales et dans un grand nombre de villes. Elle consiste à mettre dans les gares (avec l'assentiment des Compagnies de chemins de fer), des agentes de l'œuvre qui se portent au guichet d'arrivée des trains de 2e et 3e classe et qui examinent la foule d'un œil rapidement devenu perspicace, pour voir si elles ne peuvent rendre service à quelque jeune fille ou femme embarrassée ou ignorante. L'agente offre ses services et éloigne au besoin de la voix et du geste les trafiquants ou leurs complices, qui rôdent toujours dans les gares à l'affût des jeunes voyageuses dont ils captent trop facilement la confiance par leurs bons offices, au moment où, étourdies par le bruit et le va-et-vient de la gare inconnue, elles ne savent souvent pas bien de quel côté se diriger.

L'agente de l'œuvre aide à trouver les bagages et la voiture, indique au besoin un gîte pour la nuit, et dans les gares de Paris c'est au nombre imposant de 10.099 femmes que l'Œuvre des gares a rendu service pendant l'année 1907.

IV

Question sanitaire.

Les défenseurs de la réglementation mettent constamment en avant le point de vue sanitaire.

Les femmes ont le devoir d'envisager avant tout le côté moral et de dire que le plus sûr moyen de n'être pas contagionné est de ne pas s'exposer à la contagion.

Malheureusement il y a aussi les femmes honnêtes, contagionnées par des maris malades d'ancienne date, et les enfants qui ont reçu en cadeau à leur naissance un sang vicié qui, s'il leur permet tout d'abord de vivre, ce qui n'est pas toujours le cas, se révèle plus tard sous forme de tuberculose, de nécrose, d'ataxie et de dispositions plus ou moins grandes à toutes les maladies graves.

Plus j'avance dans la vie, plus je suis frappée des suites innombrables et souvent lointaines de ce que j'appellerai les « mauvaises maladies. » On apprend que tel enfant est malingre, que tel jeune homme, telle jeune fille sont atteints dans leur santé d'une façon qui semble inexplicable ; et quoique en pareille matière il faille se garder d'accuser à la légère, cependant, en remontant aux sources, on apprend trop souvent que le père ou le grand-père ont eu à un moment donné une mauvaise conduite, et que ce sont les maladies contractées alors qui pèsent si lourdement sur les épaules de leurs enfants ou petits-enfants innocents.

Chose épouvantable, ce n'est pas une maladie, mais toute une série de maladies dont les médecins retrouvent l'origine dans la syphilis ou les remèdes qu'on a dû employer pour la guérir. C'est une véritable malédiction qui découle de la mollesse que les pères ont mise à résister à leurs passions.

Qu'est-ce qui est bien? qu'est-ce qui est mal? disent certains sceptiques. Je répondrai : « Il y a un mal véritable; et tôt ou tard, qu'on l'appelle *justice divine* ou *justice immanente*, la punition pour soi ou pour les autres est la suite logique de la mauvaise action. »

Nous ne sommes donc certes pas disposés à contester l'importance des maladies vénériennes, nous en sommes pleinement convaincus. Mais ce que la Fédération abolitionniste soutient depuis bien longtemps et qui ressort des travaux de la Commission extraparlementaire (qui n'était pourtant pas une réunion d'abolitionnistes), c'est que le système actuel de la réglementation de la prostitution n'est qu'un leurre au point de vue sanitaire. Elle protège d'autant moins ceux qui ont confiance en elle, qu'ils croient pouvoir s'abstenir de précautions et se livrent à leurs penchants avec plus de laisser aller.

Et puis, malgré tout, et encore une fois, s'il faut chercher tous les moyens pour lutter contre les maladies, *un seul moyen est défendu, c'est celui de l'injustice et de l'illégalité.*

Il nous est impossible d'entrer dans le détail des controverses médicales. Parmi les médecins qui se placent à un point de vue purement sanitaire, les uns sont favorables à la réglementation (il est vrai que leur nombre se restreint chaque jour) et les autres la condamnent absolument. Je me bornerai à quelques citations tirées du rapport de la Commission extraparlementaire du régime des mœurs, commission à laquelle je consacrerai plus loin un chapitre.

« Si vraiment on se trouve en présence d'un péril qui comporte, dans un intérêt social, des mesures sérieuses et efficaces, on ne saurait soutenir, suivant M. le procureur Bulot, qu'elles résident dans un régime réglementariste visant exclusivement les prostituées. Ce n'est pas d'elles seules que vient le danger; et pour 500.000 propagateurs de la maladie qu'elles représentent peut-être en France, on compterait des millions d'hommes malades, comme l'estime le Dr Fournier lui-même, qui sont des agents actifs et redoutables de contamination.

« Actifs et redoutables : car bien peu observent l'abstinence qu'exigerait leur état, et la plupart, sans scrupules, surtout vis-à-vis des femmes faisant métier de prostitution, se laissent entraîner à avoir des rapports sexuels dangereux pour autrui.

« La justice et l'intérêt sanitaire commanderaient que tous les agents, sans distinction, en puissance de contagion, fussent également assujettis; que l'homme malade fût mis hors d'état de nuire comme on le fait pour la femme. On se heurtera, il est vrai, à des impossibilités multiples....

« ... Mais alors la conclusion qui s'impose est qu'il ne faut de réglementation pour personne[1].

« Le système de réglementation actuelle n'a

1. Rapport de la Commission extraparlementaire, p. 65.

pas de juges plus sévères que les réglementistes. » (Rapport, p. 33.)

« Dans l'état actuel des choses, dit M. Gemy, les visites sanitaires n'ont donné que des résultats nuls comme sécurité, au point de vue des maladies vénériennes.

« Les femmes inscrites, soumises au contrôle sanitaire, occupent une part considérable comme origine de contagion vénérienne. » (Rapport, p. 34.)

« La fréquence des visites et le savoir des médecins n'empêchent pas la contamination par des femmes chez lesquelles peuvent se manifester dans l'intervalle des visites des lésions syphilitiques de la période secondaire. » (Droin, Rapport, p. 34.)

« Le système en vigueur est en opposition directe avec le but que l'on s'est proposé d'atteindre, qui est de diminuer la propagation des maladies vénériennes. » (Barthélemy, Rapport, p. 35.)

« Les visites ne rendent pas le service qu'on en attend, parce que forcément elles sont mal faites. » (Feulard, Rapport, p. 34.)

« D'après ces citations et d'autres encore, toutes émanées des partisans de la réglementation, l'insuffisance et les imperfections du système sont dénoncées pour tout le monde. » (Hennequin, Rapport, p. 34.)

La morbidité vénérienne varie beaucoup. D'après les statistiques, elle augmente pendant certains cycles d'années, elle diminue dans d'autres. Ces variations sont indépendantes de l'existence de la réglementation. Dans le cycle d'atténuation de morbidité, la diminution se constate aussi bien en Angleterre, où la prostitution est libre, qu'en France où elle est réglementée[1].

Cependant nous pouvons affirmer d'après les plus récentes statistiques *officielles* publiées à Londres, que les maladies vénériennes ont diminué *de moitié* en Angleterre dans toutes les classes de la société, depuis 1883, époque de la suspension, puis de l'abolition, de la réglementation.

D'après notre opinion la réglementation n'assainit pas la prostitution ; elle la rend plus dangereuse, en éloignant les femmes du traitement, par la crainte qu'il leur inspire. Cette crainte

1. M. Maurice Gregory vient de publier, d'après les documents officiels, des diagrammes qui montrent la grande diminution des maladies vénériennes en Angleterre pendant les vingt dernières années, dans toutes les classes de la population, population civile, enfants au-dessous d'un an (maladies héréditaires), recrues, soldats et marins, depuis que les *Contagious diseases Acts*, suspendus en 1883, ont été abrogés en 1886.

C'est une éclatante démonstration de l'inutilité du système. Si la syphilis reste plus fréquente dans l'armée anglaise que dans les armées continentales, c'est que le recrutement et l'organisation de cette armée sont tout différents.

L'armée anglaise est une armée de métier ; le désœuvrement et les hautes paies y favorisent au plus haut degré la débauche et le développement des maladies vénériennes.

C'est d'ailleurs ce qui s'observe dans les corps de troupes qui se trouvent sur le continent dans des conditions analogues.

Dr Sicard de Plauzoles.

est d'ailleurs légitime, puisque le traitement est pour elles la prison à Saint-Lazare ou dans un hospice équivalent, en tout cas la réclusion et la privation de liberté.

Je m'en voudrais, en terminant, de ne pas citer les termes dans lesquels s'exprime à ce sujet la plus haute autorité administrative, c'est-à-dire le ministre de l'intérieur, M. Clémenceau, dans son discours de Draguignan du 14 octobre 1906 :

« Hélas, je viens me heurter maintenant à la pire déchéance humaine, au plus abominable reste de servage bestial, à l'effroyable problème devant lequel les théoriciens socialistes reculent eux-mêmes épouvantés, je veux parler de la prostitution.

« Le ministre de l'intérieur est chargé d'assurer *l'implacable, l'immorale réglementation d'un état de choses inavouable.* Pour les vices de l'homme, c'est la femme qui expie. Ah! si vous pouviez voir défiler devant ce qu'on appelle le tribunal administratif de la préfecture de police, l'effroyable procession de ces créatures dégradées, de quinze à soixante ans et plus, qui résument en elles tout l'excès du malheur humain, *peut-être penseriez-vous avec moi que ce n'est pas faire assez pour la morale publique de les tenir emprisonnées, pour l'inobservation de règlements qu'on n'a pas le droit d'édicter, et de cultiver au petit bonheur leur avilissement de chaque jour.*

« On me charge théoriquement de veiller à

la santé publique menacée par cette légion redoutable. Je dois dire que de cet office mon administration *s'en acquitte avec une parfaite inefficacité, et cela au moyen de pratiques contraires aux lois, contraires même aux principes de tout gouvernement humain.* »

Oh ! la joie causée par ce discours et comme nous avions cru voir lever l'aube de la justice, mais le temps s'est écoulé ! M. Clémenceau s'est-il aperçu des difficultés qu'une loi nouvelle soulèverait au Parlement? A-t-il eu peur? Et pendant ce temps la douleur et l'injustice continuent. Avez-vous donc oublié votre discours, M. Clémenceau? Les femmes viennent vous le rappeler.

V

Question morale masculine.

Un autre point de vue auquel nous devons nous placer, c'est celui de l'effet produit par la réglementation administrative sur la mentalité et le sens moral des hommes qui peuvent être tentés de fréquenter les « maisons closes. »

Comment est-il possible que leur conscience, surtout chez les jeunes gens[1], ne soit pas ob-

1. En principe l'entrée des maisons closes est interdite aux jeunes gens mineurs, mais de fait on y rencontre beaucoup de mineurs, et même, ô honte ! des collégiens qui osent en-

scurcie; conscience de la responsabilité qu'ils encourent et du mal qu'ils font, lorsqu'ils savent que ces lieux de débauche sont reconnus par l'Etat, et que les tenanciers qui les dirigent reçoivent une autorisation en règle pour leur permettre d'exercer leur dégoûtant métier, métier de proxénète qui est sévèrement poursuivi dans les pays où la réglementation administrative n'existe pas.

Les jeunes gens doivent nécessairement penser que ce que l'Etat organise et reconnaît doit être une nécessité publique; leur droiture en est faussée, et leur respect de la femme est traîné dans la poussière. Un reflet du mépris qu'ils éprouvent pour la femme qui se vend doit retomber jusque sur leur mère et sur leurs sœurs. Se sont-ils jamais demandé *si les hommes qui achètent ont une moralité bien supérieure à celle des femmes qui se vendent?* Et pourtant on fait de celles-ci une classe à part et hors la loi, tandis que ceux-là ne subissent aucune conséquence de leurs actes.

D'après le résultat des enquêtes faites dans un grand nombre de localités par des hommes dévoués et compétents, savez-vous quels sont les clients les plus habituels des maisons de tolérance, de ces maisons que l'ont dit nécessaires pour jeunes hommes non mariés? Eh bien, ce sont justement *des hommes mariés* et

suite en rentrant aller embrasser leur mère, tant leur conscience est endormie par les apparences légales de cette organisation de la débauche.

des jeunes garçons à peine hors de l'adolescence! Ils ne sont pas les seuls clients, mais ils sont la majorité. Ils n'oseraient peut-être pas se livrer au vice s'ils ne trouvaient pas sur leur chemin l'accueillante « Maison. » Vous m'avouerez que pour ceux-là justement elle est tout au moins inutile, voyez si nous avons raison de la combattre!

Outre le grand mal moral que la réglementation fait aux hommes, elle les induit en erreur et dans une fausse sécurité. Un nombre immense rapporte des maisons closes des maladies vénériennes qui seront la plaie de leur vie et souvent la malédiction de leur descendance, parce qu'ils ont cru qu'ils faisaient le mal impunément et que les femmes enfermées dans ces geôles étaient saines. Ils se doutent peu que les soins obligatoires ne sont que de façade, et que les malheureuses enfermées pour quelque temps dans les hôpitaux-prisons ne peuvent être guéries que d'une manière superficielle et contaminent de nouveau leurs clients, comme elles ont été elles-mêmes contaminées par d'autres hommes.

Ainsi donc perversion du sens moral et fausse sécurité, tel est le bilan des mauvaises maisons à l'égard des hommes.

Beaucoup de mal serait évité, si les pères et les mères considéraient comme un élément essentiel de l'éducation de leurs fils et comme un devoir sacré, de leur donner une instruction sommaire mais précise sur les tentations qui les attendent, les moyens moraux d'y résister et les dangers qu'elles entraînent. Ils devraient se charger eux-mêmes de cette tâche. Pour les y aider, je me permettrai de leur indiquer deux brochures, parmi d'autres; elles seront peut-être pour eux un secours[1].

VI

Commission extraparlementaire.

Par décret du 28 juillet 1903, le gouvernement français créa la Commission extraparlementaire du régime des mœurs, afin d'étudier à fond le problème de la réglementation de la prostitution.

On en décida la constitution à la suite d'une question adressée au président du Conseil, ministre de l'intérieur, dans la séance de la Chambre des députés du 28 mai 1903, par MM. Paul Meunier et Le Hérissé.

Des erreurs et des abus regrettables de la police des mœurs, commis presque simultanément à Paris et à Rennes, motivèrent cette question.

La Commission a siégé pendant plus de trois

1. *Conseils et avertissements adressés aux jeunes gens de seize à dix-huit ans.* (Librairie Fischbacher, 33, rue de Seine, Paris.)

Hygiène et morale, par le Dr Good, ancien médecin de la marine. (Librairie Fischbacher, 33, rue de Seine, Paris.)

ans (3 novembre 1903 au 7 décembre 1906) et a eu plus de cinquante-huit séances. Elle se composait d'environ quatre vingts membres, hommes éminents, de professions et d'opinions diverses, avocats, députés, magistrats et médecins en grand nombre. Les discussions furent longues et animées entre réglementaristes et abolitionnistes, car les deux partis avaient de chauds défenseurs ; mais, chose bien remarquable à constater, tandis qu'à l'origine la Commission ne comptait que trois membres nettement abolitionnistes, ce furent les opinions de ces trois membres qui l'emportèrent à la fin et que la majorité de la Commission sanctionna de son vote. D'où nous tirons la conclusion que malgré la difficulté du problème et ses faces diverses, lorsque les questions sont bien posées, discutées consciencieusement par une assemblée d'hommes animés de sentiments élevés et désintéressés, ils ne peuvent, à moins d'être absolument irréductibles, faire autrement que d'arriver à ce résultat : nécessité de l'abolition de la police des mœurs et de la réglementation de la prostitution.

Je ne saurais résumer dans cette courte brochure les immenses travaux de la Commission ; mais son opinion est trop importante pour que je ne tienne pas à puiser fréquemment dans le si remarquable et impartial rapport du rapporteur général, M. Hennequin.

La première question à résoudre était celle-ci : La prostitution est-elle un délit ?

« La solution de cette première question, qui fut mise aussitôt en discussion, faillit être résolue sans débat, tant il apparaissait à la plupart des membres de la Commission que la négative s'imposait avec évidence.

. . . .

« Pour démontrer l'impossibilité d'ériger en délit la prostitution, il suffit, exposait M. le procureur général Bulot, de faire ressortir les conséquences singulières qui en résulteraient. On arriverait, en effet, à impliquer l'homme dans les poursuites judiciaires, comme complice, en vertu de l'article 60 du Code pénal, car il n'y a pas de prostitution sans complice. Or on ne saurait concevoir que l'acte de l'homme tombe sous la loi pénale.

« La Commission, se rangeant à cet avis, adopta à l'unanimité la proposition libellée ainsi qu'il suit par M. Bulot :

« *La prostitution de la femme ne constitue pas un délit et ne tombe pas sous le coup de la loi pénale*[1].

. . . .

« En proclamant que la prostitution n'est pas un délit, la Commission n'a pas entendu absoudre ceux qui s'y livraient volontairement, sans excuse atténuante comme sans contrainte. Elle a seulement reconnu que le fait de se prostituer ne pouvait rentrer dans la catégorie des actes punissables par la loi positive.

. . . .

1. Rapport, page 6.

« Que la prostitution, comme le suicide, soit condamnable en morale, elle n'est pas contraire au droit; elle échappe à toute sanction pénale, à ce titre qu'elle ne rentre pas dans le domaine des actes punissables par la loi... d'où il résulte qu'on ne saurait traiter ceux qui se livrent à la prostitution comme des délinquants, les rechercher, les arrêter, les poursuivre et les punir. Et s'il sera dérogé d'une certaine manière à ces principes, au regard du *mineur prématurément déchu*, la Commission prendra soin de bien spécifier qu'il s'agit de sauver cet irresponsable et non de le punir, et que sous aucun rapport il ne sera assimilé à un coupable, non plus qu'à un pupille pénitentiaire[1]. »

« Si la prostitution n'est pas un délit, expose M. le professeur Gaucher, en quoi concerne-t-elle la police? On évalue à soixante mille au moins le nombre de femmes qui se livrent, à Paris, à la prostitution. Sur ce nombre six mille seulement sont inscrites et assujetties par conséquent au contrôle sanitaire.

« Et la réglementation n'assure même pas la surveillance médicale constante, efficace, de ces inscrites, attendu, suivant M. Turot, conseiller municipal de Paris, qu'elles s'y soustraient dès qu'elles se savent malades, souvent en changeant de quartier. Douze cents d'entre elles disparaissent ainsi chaque année, résolues à

1. Rapport de la Commission extraparlementaire du régime des mœurs, pages 7 et 8.

échapper aux conséquences de leur état qui, les faisant assimiler à des coupables, entraînerait pour elles l'internement dans un hôpital-prison.

« On allègue l'intérêt de la santé publique pour imposer l'inscription et la visite corporelle aux femmes, mais les exigences de la police ne visaient que les établissements dont le tarif était inférieur à 40 francs, les autres en étaient exonérées. Quelle surveillance illusoire et en même temps quel arbitraire !

« Pour assurer soi-disant l'ordre public, les agents des mœurs procèdent chaque soir à l'arrestation de deux cents à trois cents femmes, non parce qu'elles sont plus coupables que des milliers d'autres qui pratiquent par les mêmes procédés la prostitution publique, mais seulement parce qu'elles sont dépourvues d'appui ou d'argent, ou spécialement traquées par un agent vindicatif.

« Sur des milliers d'hôtels de la capitale, où s'exerce la prostitution, deux ou trois seulement ont à subir des descentes de police, au gré, à la fantaisie d'un agent. Un régime qui accorde une pareille omnipotence à l'autorité de police, qui favorise les agissements les plus vexatoires, les plus tyranniques et les plus arbitraires, qui permet, *comme à Lyon, à un fonctionnaire, de recevoir impunément, pendant dix ans, d'importants subsides des tenanciers de maisons clandestines*, ne saurait subsister plus longtemps[1].

1. Rapport de la Commission, pages 237 et 238.

« Ce réquisitoire, qui complète celui que contenaient déjà les rapports de MM. Fournier et Augagneur, est formulé, il est vrai, par des abolitionnistes ; néanmoins personne ne le combattra, et le préfet de police lui-même y souscrira sur les points essentiels[1]. »

Est-ce à dire que nous devions laisser la prostitution s'étaler autour de nous sans lutter contre elle, contre ses dangers et son scandale? Telle n'est pas l'opinion de la Commission, et nous en donnerons la preuve par quelques extraits des projets de lois préparés par elle, concernant soit les mineures ou les proxénètes, soit les mesures d'ordre légal à établir, mesures qui devraient être respectées au même degré par les hommes que par les femmes. La liberté des uns ne doit jamais être une entrave à la liberté des autres, ni la satisfaction des uns être un scandale pour les autres.

Je ne parle pas de la lutte qui regarde spécialement les femmes, celle du relèvement moral et de la préoccupation du sort matériel des femmes pauvres.

Je ne saurais mieux faire, pour me résumer, que de citer les conclusions de M. Hennequin, rapporteur général de la Commission extraparlementaire :

« Nous espérons que de notre rapport se dégagera cette impression, conforme à la réalité, que l'œuvre de la Commission fut inspirée par

1. Rapport de la Commission, page 68.

les plus hautes préoccupations, par le souci très vif de la justice, de l'égalité pour tous dans les droits et les devoirs, du respect de la liberté individuelle, d'une plus grande humanité vis-à-vis des créatures dont la chute est si fréquemment imputable à la misère.

« Notre compte rendu des discussions est assez détaillé pour permettre de constater que si, au nom de principes supérieurs imprescriptibles, elle a revendiqué pour la femme, même déchue, le bénéfice du droit commun et les garanties dues à tout le monde contre l'arbitraire, la Commission ne s'est nullement désintéressée de la débauche et de son développement. Bien au contraire, ses efforts ont tendu en même temps à combattre, par tous les moyens dont on pouvait disposer, le fléau de la prostitution et à réduire le nombre de ses infortunées victimes. On en trouve le témoignage éclatant dans ces deux grandes réformes qui ont pour but, d'une part, d'arracher le mineur à la débauche et de tenter sa réformation morale, d'autre part, de réprimer sévèrement tout proxénétisme, toutes les viles et dangereuses entreprises des trafiquants qui précipitent incessamment tant de femmes dans la prostitution.

« En supprimant un système séculaire unanimement condamné et même toute réglementation de la prostitution, la Commission n'a pas sacrifié, à un idéal de justice, des intérêts essentiels, ni accompli une œuvre purement destructive. Sur ces ruines, en effet, elle a aussi édifié en édictant avec le plus grand soin toutes les mesures jugées nécessaires et suffisantes pour la défense de l'ordre et de la santé publics, mesures qui se trouvent énumérées dans le titre III du projet de loi général relatif à la répression de la provocation publique à la débauche et dans les huit articles du titre IV consacrés à la prophylaxie.

« Notre rapport n'a pas dissimulé les vives controverses qui ont été engagées sur l'efficacité de ces mesures ; mais, en définitive, la majorité l'a admise, et elle comptait parmi ses membres non moins de sommités médicales que dans la minorité. »

VII

Projets de loi de la Commission extraparlementaire pour lutter contre la prostitution et les maladies vénériennes.

La Commission extraparlementaire, comme le dit son rapporteur dans ses conclusions, ne s'est pas bornée à faire une œuvre de justice destructive. Profondément préoccupée du fléau de la prostitution et de la nécessité d'opposer des digues à ses débordements, elle a, ainsi que son devoir l'indiquait, cherché les moyens modernes propres à le réprimer; et nous ne saurions trop l'approuver de l'avoir fait, sans tomber dans l'injustice et la loi du bon plaisir que nous avons attaqués.

La justice ne suppose pas nécessairement la mollesse, et c'est au contraire une fermeté et un idéal moral plus élevés qui doivent présider aux conceptions nouvelles de répression.

La Commission a divisé en trois sections ses travaux, études ou projets de loi. Il nous est impossible, dans ce travail nécessairement restreint, d'entrer dans le détail des questions; nous citerons seulement les sujets attribués à chaque section, sans pouvoir donner toujours la solution des études dont nous espérons pouvoir suivre la discussion lorsque les travaux de la Commission seront discutés à la Chambre.

PREMIÈRE SECTION

De la prophylaxie des maladies vénériennes.

1. *Organisation de l'assistance médicale.*

Suppression des services spéciaux, et accession des hôpitaux, dispensaires et consultations aux vénériens comme aux autres malades.

Obligation, pour les sociétés de secours mutuels et autres associations, de ne pas exclure les vénériens des secours et allocations.

2. *Instruction professionnelle des médecins.*

Répression du charlatanisme.

3. *Vulgarisation dans la population de cer-*

taines notions sur l'existence et le danger des maladies vénériennes.

Vœux de M. le professeur Fournier relatifs à *la protection des nourrices et au délit de contamination par les enfants.*

DEUXIÈME SECTION

Défense de l'ordre et de la moralité publics par la répression de la provocation publique à la débauche.

« Comme ils l'ont exposé, lors de la discussion générale ouverte dans les premières séances de la Commission, les adversaires de toute réglementation de la prostitution veulent, eux aussi, défendre les intérêts de l'ordre, de la moralité et de la décence publics. Mais ils entendent sauvegarder ces intérêts autrement que par le passé, en substituant au régime des règlements administratifs, souvent excessifs, variables d'une localité à l'autre et applicables seulement à une catégorie de personnes, le régime de la loi, édictant les prohibitions nécessaires et des sanctions pénales contre tous ceux, sans distinction de sexe ou de qualité, qui les violeraient, restituant aux justiciables qui en étaient indûment privés, les garanties de la juridiction ordinaire[1].

« L'acte de provocation publique (d'après M. Bulot[2]) n'est pas répréhensible seulement

1. Commission extraparlementaire, Rapport, page 157.
2. Commission extraparlementaire, Rapport, page 68.

quand il émane de la femme qui fait métier de prostitution, mais aussi, et plus encore, de la part de l'homme qui, pour satisfaire ses plaisirs ou sa dépravation, suit une femme quelconque et lui adresse des propositions injurieuses, souvent accompagnées de propos obscènes. En faisant de la provocation à la débauche un délit, on assainira la rue et on rendra inutiles toutes les mesures d'exception si justement critiquées, comme l'intervention d'une police spéciale des mœurs. »

Après de longues discussions au sein de la Commission, voici le texte du projet de loi auquel elle s'arrêta :

Addition à l'article 479 du Code pénal :

Seront punis....

Ceux qui, sur la voie publique, dans tout lieu accessible gratuitement au public, ou de toutes ouvertures prenant vue sur la voie publique auront :

Provoqué en réunion de plus de deux personnes à la débauche;

Provoqué à la débauche par tous moyens ou paroles obscènes ou contraires à la décence publique, le tout sans préjudice de l'application de l'article 330;

Provoqué à la débauche d'une manière quelconque des mineurs de l'un et l'autre sexe âgés de moins de quinze ans[1]*;*

1. Il serait très désirable que cette minorité fût reculée à dix-huit ans. Elle l'est, de fait, dans la loi sur le relèvement des mineurs, qui a été votée par la Chambre.

Provoqué à la débauche d'une manière quelconque aux abords de tous établissements militaires ou maritimes ou consacrés à l'enseignement et aux cultes.

TROISIÈME SECTION

De la protection des femmes contre la chute dans la prostitution.

I. — Protection des mineurs.

Une loi se préoccupant du sort des jeunes prostituées ou des jeunes filles ayant des dispositions morales reconnues mauvaises s'imposait. Pour la jeunesse, il s'agit bien plutôt de relèvement et d'éducation que de répression. J'ai tort de dire : les jeunes filles, car le projet de loi ne fait pas de distinction de sexe et vise aussi les mineurs masculins.

Article premier. — *Tout mineur de dix-huit ans qui se livre habituellement à la prostitution, même sans idée de gain, est appelé à comparaître devant le tribunal civil en chambre du conseil, qui décide, suivant les circonstances, s'il doit être rendu à ses parents ou placé : soit dans un établissement privé régulièrement organisé à cet effet, conformément à l'article 1er de la loi du 28 juin 1904, et approprié à sa réformation morale, soit enfin chez un parent ou un particulier, pour y être retenu jusqu'à sa majorité ou jusqu'à son mariage.*

Art. 2. — *Ces établissements seront tenus de donner aux mineurs qui leur seront confiés par l'autorité judiciaire, un enseignement suffisant pour les mettre en état d'exercer à leur sortie une profession ou un métier.*

Suivent toutes les conditions trop longues à énumérer dans lesquelles l'éducation du mineur doit être poursuivie, les obligations des établissements de réforme, le pécule et le trousseau du mineur à sa sortie, l'aide pécuniaire allouée par l'Etat aux établissements particuliers.

Ce projet de loi si important fut détaché par M. Bérenger du reste des travaux de la Commission, et présenté à la Chambre sous une forme analogue.

Il fut voté après discussion, et sans modifier beaucoup les desiderata de la Commission, le 9 avril 1908.

Cette excellente loi, destinée à refaire les éducations trop souvent absentes, est encore d'une application fort difficile, grâce au très petit nombre d'œuvres particulières propres à recevoir les jeunes délinquants, et à l'absence presque absolue des institutions publiques spécialement adaptées prévues par la loi. Elles ne pourront être fondées que graduellement.

Il nous reste à passer en revue la seconde partie des travaux de la troisième section. Ce nouveau projet de loi est d'une importance particulière, en ce qu'il attaque les proxénètes d'une manière beaucoup plus complète qu'on ne le faisait auparavant. Cette nouvelle législation est déjà pratiquée avec succès dans d'autres pays.

« Que spontanément la femme majeure... demande à la prostitution des ressources... on ne saurait trop le déplorer au point de vue moral et social : mais c'est affaire à elle et qui ne regarde qu'elle, pleinement consciente, en raison de son âge, et responsable de sa conduite seulement vis-à-vis de sa conscience.

« Cependant, si la société doit respecter la liberté, même de ceux de ses membres qui, par la pratique de la prostitution, offensent la loi morale, elle a par contre le droit et le devoir de prendre toute mesure de rigueur contre ceux qui, par intérêt, incitent la femme à se livrer à la débauche.... Et les motifs justificatifs de ces mesures qui résident dans l'organisation de sanctions pénales contre ces provocateurs de la prostitution, sont tirés non pas seulement du désir de protéger la femme contre les entreprises des trafiquants, mais aussi de l'intérêt le plus évident de la défense de l'ordre et de la moralité publics.

« Le Code pénal ne réprimait que le proxénétisme dont la jeunesse était victime et le proxénétisme exerçant à l'égard des majeures non consentantes, mais contraintes par divers moyen. C'était insuffisant. Il convenait de mettre obstacle au trafic de la femme et de punir tous ceux qui, dans un but de lucre, s'y livraient[1]....

1. Rapport, page 219. Les points suspensifs signifient qu'on a raccourci la citation.

« Pour parvenir à un résultat appréciable, on devait envisager et punir le fait d'embauchage des femmes en vue de la prostitution, considéré en soi indépendamment de toute contrainte. Et ce complément indispensable de réforme se justifiait pour assurer la protection, non seulement des malheureuses entraînées à l'étranger, mais encore de celles, infiniment plus nombreuses, qui étaient quotidiennement recrutées pour alimenter les maisons de tolérance de notre pays, et recrutées par des individus exerçant une véritable industrie, faisant des actes de commerce indéniables.

« En ne visant que le proxénétisme simple, quand il était pratiqué à l'égard des mineurs, on avait presque assuré, en fait, l'impunité de ces vils industriels ; d'une habileté consommée, ils mettaient constamment le juge d'instruction dans l'impossibilité de faire la preuve juridique de l'embauchage délictueux et l'obligeaient sans cesse à rendre une ordonnance de non-lieu.

« Le remède à ces inconvénients graves se trouvait dans l'amendement de la loi tendant à atteindre toutes les manifestations du proxénétisme vénal. En adoptant la proposition, la Commission n'assurait pas seulement la punition du trafiquant ordinaire, du pourvoyeur des maisons de prostitution, mais aussi du tenancier de cabarets transformés en lieux de débauche et, mieux encore, de l'ignoble souteneur, trafiquant de la prostitution d'autrui, que la loi spéciale du 27 mai 1885, même améliorée par la loi de 1903, laissait trop souvent impuni à raison de ses difficultés d'application[1]. »

En décrétant expressément que tout proxénétisme serait qualifié d'attentat aux mœurs et puni comme tel, on faisait du tenancier de la maison de tolérance un délinquant et l'on aboutissait indirectement à supprimer ces établissements. La Commission avait déjà obtenu ce résultat en votant la suppression de la police des mœurs ; elle les atteignait d'un autre côté par ce nouveau projet de loi.

Le texte de loi qui, après différents amendements, finit par être voté par la Commission, est ainsi conçu :

II. — Protection des majeurs.

Quiconque, pour satisfaire les passions d'autrui et dans un but de lucre, aura embauché, entraîné ou détourné un individu de l'un et de l'autre sexe, même majeur, même avec consentement ;

Ou aura facilité ou favorisé habituellement sa prostitution, sera puni d'un emprisonnement de trois mois à deux ans et d'une amende de 50 à 2.000 francs.

Cette disposition ne sera pas applicable à ceux qui auront seulement facilité la débauche des majeurs dans l'exercice d'une industrie licite.

1. Rapport de la Commission, pages 62 et 63.

Ce dernier paragraphe fut ajouté pour protéger les propriétaires d'hôtels et logeurs qui risquaient autrement d'être inquiétés injustement.

Suivent un certain nombre de considérations importantes, mais impossible à énumérer, sur les moyens à employer pour empêcher la création de maisons de prostitution clandestines, et la réunion de plusieurs prostituées en vue de la débauche.

Un fait important découlait des résolutions de la Commission, c'est que les municipalités devaient être dessaisies de tout pouvoir réglementaire touchant la prostitution, mais ce dessaisissement formel n'était pas opéré par les textes, et malgré les protestations de certains maires, un nouveau projet de loi à cet effet fut voté par la Commission, afin de bien préciser ses intentions.

Tous les travaux de la Commission extraparlementaire des mœurs, et l'élaboration de ses projets de loi, n'ont malheureusement pas encore passé au creuset du parlement, mais ils indiquent un progrès énorme réalisé dans l'état des esprits, et nous voulons espérer que le gouvernement et le Parlement ne se montreront pas au-dessous de leur tâche de justice.

VIII

Importance de l'étude de la question par les femmes.

Beaucoup de femmes n'ont pas étudié cette question, parce qu'elles n'en n'ont jamais entendu parler. D'autres en ont eu un aperçu, mais elles ont détourné la tête avec dégoût par un excès de pudeur. — Mais, mes sœurs, avez-vous bien réfléchi?

N'est-elle pas bien dure, la pudeur qui vous fait fermer les yeux pour ne pas voir la souffrance d'autres femmes?

N'est-elle pas bien cruelle, ô douces femmes, la pudeur qui vous bouche les oreilles et vous empêche d'entendre les cris de celles qui demandent justice et qui réclament d'être traitées comme les autres êtres humains et de ne pas porter sur leurs faibles épaules les péchés de tous?

Croyez-vous, mes sœurs, qu'on cesse d'être pure, parce que votre cœur s'est ouvert à la divine pitié? Ne vous y trompez pas, la pureté féminine est plus entachée par la lecture des mauvais romans et les conversations trop libres, que par l'examen sérieux d'une situation qui vous donne l'horreur du vice et l'indignation de son assimilation avec l'amour. — Je dirai plus, je crois même que cette étude pénible vous élève l'âme et vous fait sentir le besoin d'une pureté et d'une élévation toujours plus grandes.

Un grand nombre d'autres femmes ont à leur ignorance une excuse toute trouvée et dont je reconnais la valeur : « Mon mari n'aime pas que je m'occupe de ces questions. Il dit que les femmes n'ont pas à s'en occuper. »

« Il dit.... » Croyez-vous, chère amie, que cette excuse soit valable, et quelque soumise que vous soyez, n'avez-vous d'opinion personnelle sur aucune question? Je ne doute pas que vous en ayez sur bien des sujets et des opinions que vous savez fort bien défendre à l'occasion.

Il s'agit ici d'une question de conscience. Votre âme est-elle à vous, et avez-vous une conscience propre? ou la vôtre n'est-elle qu'un reflet de celle de votre mari? Quelque tendre et complète que soit l'union conjugale dans sa plus intense perfection, c'est vous-même qui aurez à rendre compte un jour à Dieu de vos actions et de vos pensées, de ce que vous avez fait et *de ce que vous avez négligé de faire.* Croyez-vous qu'elle soit acceptable, alors, l'excuse : mon mari a dit.... Mon mari a pensé.... Il vous sera sûrement répondu : « Ta conscience était à toi; ne mets pas la faute sur d'autres; qu'as-tu fait pour t'éclairer? »

Vous direz peut-être aussi, femmes, mes sœurs : « Lors même que nous serions convaincues de l'injustice terrible commise envers une catégorie de femmes mises hors la loi, lors même que nous aurions compris l'inutilité hygiénique et la monstruosité morale du vice réglementé, aussi bien que l'influence néfaste de cette approbation d'État sur le sens moral des hommes et des jeunes gens, à quoi servira notre opinion, et que pouvons-nous faire? Nous n'avons pas de voix au chapitre, nous n'avons aucune puissance, et les larmes de sang de notre cœur, notre immense pitié, ne pèseront pas d'un fétu dans la balance des législateurs : elles ne changeront rien au sort des malheureuses dont vous nous avez fait connaître la misère. »

En êtes-vous bien sûres, mes sœurs? Croyez-vous que vous n'avez aucune puissance et par suite aucune responsabilité? Pensez-vous que lorsqu'un feu est allumé on ne sente pas au loin sa chaleur? Une opinion précise, un élan de cœur contre l'injustice n'ont-ils pas mille moyens de s'exprimer et d'influencer ceux qui vous entourent? Si vous avez eu la patience de me suivre à travers les explications de cette petite brochure, patience facile à avoir, si vous avez au cœur du sang et de la pitié, vous aurez acquis quelque connaissance de la question, vous serez plus aptes à la discuter; aidées de quelques citations du remarquable rapport de la Commission extraparlementaire, vous vous sentirez plus fortes pour réfuter les opinions toutes faites que beaucoup d'hommes opposent aux femmes sur cette question. Il ne suffira plus de vous dire : « La réglementation de la prostitution est un mal inévitable ; nous en savons plus long que vous là-dessus. » — Vous répondrez : « Non, cette réglementation n'est pas inévitable, puisqu'elle a été supprimée en Angleterre, dans la plus grande partie de la Suisse et dans d'autres pays. Les maux qu'elle prétend atteindre et qu'elle ne diminue en réalité pas, sont grands il faut lutter contre eux d'une autre manière, mais il n'est pas admissible que, pour le plaisir et même pour la santé des hommes, une classe de femmes, pétries de la même chair que nous, soient mises hors la loi, condamnées sans juges, emprisonnées sans jugement et qu'on leur impose une vie qui les rejette au niveau de brutes.

« Si nous ne connaissons pas assez la question, nous entendons l'étudier, car toutes questions qui concernent les femmes doivent être connues des femmes. En attendant, une chose est très claire, c'est que les lois morales et les préoccupations de moralité et de justice doivent avoir le pas sur toutes les autres et que nous ne voulons pas qu'on dise à nos fils : « Amusez-vous dans ces lieux de plaisir, c'est de la chair de prostituée, c'est une femme tombée. »

Une femme tombée, c'est une femme, et une femme c'est une âme, quelque souillée, quelque obscurcie que soit cette âme.

Et croyez-vous qu'on ne souille pas l'âme de nos fils et qu'on ne fausse pas leur sens moral quand on leur dit que cette recherche du plaisir sans amour, que leur conscience naturelle condamne, l'Etat la reconnaît, qu'il la protège et l'organise, malgré la souffrance et la honte qui doivent en résulter pour toute une catégorie de femmes qu'on enfonce toujours davantage dans la boue?

Demandez-vous encore, mes sœurs, quel bien vous pouvez faire? Celui d'avoir une opinion et de la faire luire comme une brave lumière à toute occasion, sans crainte du ridicule, sans la crainte infiniment plus douloureuse qu'on vous soupçonne de prendre plaisir aux sujets impurs. Et qui est impur, mon Dieu? si ce ne sont pas ceux qui veulent que ces choses subsistent! Ce que nous demandons, c'est la justice pour toutes les femmes, et cette question de justice, c'est aux femmes à la prendre en main, car il est ridicule de demander aux hommes d'agir seuls en cette matière, et de protéger nos sœurs pauvres si nous n'avons pas le courage de nous mettre en avant et de dire : « Cela n'existera plus! Nous ne voulons plus de cette ignominie pour notre sexe. Nous nous mettrons en travers! »

Il est, grâce à Dieu, un certain nombre d'hommes de mœurs pures et de sentiments élevés qui luttent depuis des années pour cette question; mais elle avait été soulevée tout d'abord par une femme. Que les hommes ne se fassent pas d'illusions : beaucoup d'hommes (je dirai presque la plupart), même s'ils mènent eux-mêmes une existence exemplaire, ont entre eux une espèce d'esprit de corps qui les porte à considérer sans trop de malveillance une institution qui peut être utile à d'autres hommes.

Les hommes, sauf ceux qui ont réellement pris parti avec un admirable sentiment de chevalerie et de justice, ne peuvent pas éprouver l'impression d'intense brûlure et de honte profonde que nous ressentons, nous autres femmes, à cette pensée de la réglementation du vice, et c'est pourquoi c'est à nous, femmes, à défendre nos sœurs pauvres, car ce sont les femmes pauvres qui sont les victimes de cette ignoble institution.

Nous ne sommes pas dignes du rôle élevé que la femme doit jouer en ce monde, si nous n'avons pas assez de courage et de volonté pour obtenir l'abolition de la géhenne d'infamie et du déni de justice dans lesquels vivent des créatures de notre sexe.

Et pour cela, hâtons-nous. Ayons constamment dans le cœur la pensée que pendant que nous attendons, des femmes souffrent, et que la lenteur que met notre cœur à battre plus fort, des femmes l'expient dans la honte et l'injustice, parce que la loi morale est violée et soumise à la loi du bon plaisir.

En supprimant la réglementation, nous n'avons pas la prétention de supprimer la prostitution, ni de la traiter comme un délit. Notre devoir sera de lutter toujours davantage contre elle, parce qu'elle est l'ennemie séculaire des femmes, qui veulent défendre leurs foyers et leurs affections ; mais nous ne devons lutter que par des moyens honorables, élevés et moraux, des moyens dont nous n'ayons pas à rougir.

N'oublions pas, mes sœurs, que le mal qu'on *laisse faire*, on en est responsable tant qu'on n'a pas lutté de toutes ses forces pour l'empêcher ; et les forces des femmes vont loin. Il faut seulement qu'elles comprennent et qu'elles vainquent leur indifférence et leur paresse. Grand Dieu, se peut-il qu'il soit question d'indifférence des femmes pour les souffrances d'autres femmes ?

« Ce que femme veut, Dieu le veut. » Et le vieux dicton est toujours vrai.

Je le répète, le jour où les femmes auront compris leur devoir et où, travaillant chacune dans leur sphère et autour d'elles, elles auront décidé dans leur cœur que la réglementation de la prostitution n'existera plus.... Ce jour-là, la réglementation sera morte.

A vous toutes, mes sœurs, à faire luire ce jour dont l'aube point déjà, mais dont le soleil, pour se lever, a besoin de la chaleur réunie de tous nos cœurs !

Marguerite de Schlumberger, née de Witt,
Déléguée au Conseil international des femmes.

TABLE DES MATIÈRES

La Roche-sur-Yon. — Imprimerie Centrale de l'Ouest.

www.ingramcontent.com/pod-product-compliance
Ingram Content Group UK Ltd.
Pitfield, Milton Keynes, MK11 3LW, UK
UKHW020423230726
13925UKWH00004B/1576